Comment faire son deuil ?

par Hugues Prion Pansius

COMMENT RÉUSSIR À FAIRE SON DEUIL ?

- **Problématique ?** La perte d'un être aimé est une expérience que nous vivons tous un jour ou l'autre et qui engendre irrémédiablement une immense souffrance dont il est difficile de sortir. L'absence, soudaine ou non, d'un proche ébranle notre quotidien et l'équilibre de toute une vie. Réapprendre à vivre avec ce manque permanent peut alors sembler impossible. Comment respecter son chagrin tout en avançant pour retrouver goût à la vie ? Comment survivre à un deuil sans sombrer dans le désespoir ?
- **Objectif ?** Comprendre son deuil et parvenir à le surmonter.
- **FAQ ?**
  - Le travail de deuil est-il nécessaire ?
  - Combien de temps dure un deuil ?
  - Est-ce normal de pleurer tout le temps ?
  - Est-ce que la douleur disparaîtra plus vite si je l'ignore ?
  - Je souris à nouveau et j'ai de nouveaux projets. Dois-je me sentir coupable ?

Encore taboue dans nos sociétés occidentales, notre propre mort, inéluctable, implacable, nous glace d'effroi. Sa simple évocation nous met mal à l'aise. Que dire alors de la disparition d'un être cher, vécue par beaucoup comme un traumatisme et dont la sortie paraît insurmontable ? Comment survivre à l'immense chagrin qu'occasionne la perte d'un parent, d'un conjoint, d'un enfant, d'un ami ? Fatalement, tout un chacun a vécu, vit ou vivra cette expérience difficile au cours de son existence et passera par le long et douloureux travail du deuil. Du choc à la colère, en passant par le déni, la culpabilité ou encore la dépression, les différentes étapes du deuil nous amènent à vivre une pléiade d'émotions, certes violentes, mais néanmoins nécessaires pour réussir à accepter la triste réalité.

« J'avais 24 ans lorsque ma mère est morte d'un cancer. Ça a été pour moi un choc énorme et j'ai eu l'impression de tomber dans un gouffre sans fond. Pendant longtemps, je me suis senti déconnecté de la réalité ; plus rien n'avait d'importance à mes yeux et ma vie n'avait plus de sens. J'étais complètement anesthésié. Plutôt que d'accepter cette réalité qui m'était intolérable, je l'ai fuie et je me suis réfugié dans des paradis artificiels. J'ai commencé à aller mieux le jour où quelqu'un d'avisé m'a dit que ma mère ne m'avait jamais quitté et qu'elle vivait en moi. » (Cédric, 45 ans)

En 50 minutes, découvrez les mécanismes qui se mettent en place à la suite d'un deuil, les aspects pratiques qui y sont liés, mais aussi l'importance du soutien de l'entourage ainsi que quelques démarches personnelles à entreprendre pour faciliter son cheminement jusqu'à l'acceptation. Enfin, apprenez à discerner les attitudes positives à adopter et les clichés à éviter lorsque vous désirez soutenir un proche dans son deuil ou expliquer la mort à un enfant.

QU'EST-CE QUE LE DEUIL ?

UNE DOULEUR INTENSE ET UNIVERSELLE

Le terme deuil trouve son origine étymologique dans le mot latin *dolus* qui signifie « douleur » et désigne, par extension, la période d'affliction et de tristesse qui suit la disparition d'un être cher. Pour que l'on puisse parler de deuil, il faut nécessairement qu'il y ait eu un attachement particulier à la personne disparue. Autrement, nous porterions le deuil tous les jours ! Le psychiatre et psychothérapeute Christophe Fauré précise en outre que ce ne sont pas les liens du sang qui déterminent l'intensité du deuil, mais plutôt le degré d'attachement au défunt. Il explique par ailleurs que certains deuils peuvent devenir problématiques, même si cela reste rare, lorsque la personne endeuillée présente, par exemple, des antécédents dépressifs, ou si elle entretenait une relation conflictuelle avec le défunt, auquel cas elle pourrait développer un sentiment profond de culpabilité dû au sentiment d'avoir inconsciemment souhaité le trépas de l'être décédé.

FREUD ET LE TRAVAIL DE DEUIL

Dans un article intitulé « Deuil et mélancolie » publié en 1915, Sigmund Freud est le premier à introduire la notion de travail de deuil. Selon lui, cette expression est consécutive à la perte d'un être cher, mais aussi d'un objet auquel on est attaché. Ce travail de deuil peut alors être défini comme un long processus intrapsychique, consécutif à la perte d'un objet d'attachement, par lequel le sujet réussit progressivement à se détacher de celui-ci.

Si le deuil touche toute l'espèce humaine sans différenciation de genre, d'âge ou de groupe ethnique, chaque culture possède ses rituels et sa propre manière de faire face à la perte d'un proche. Ainsi, si dans la culture africaine et occidentale, l'expression de la douleur est bien acceptée, voire encouragée, elle est plus mal perçue chez les Asiatiques et les musulmans, pour les premiers car les émotions doivent rester de l'ordre du privé, et pour les seconds parce que contenir sa douleur démontre son acceptation de la décision de Dieu. Outre les rites funéraires et l'expression du chagrin, chaque religion présente des périodes de deuil très spécifique et des particularités funéraires distinctes. Pour les bouddhistes, qui croient en la réincarnation, le deuil dure 49 jours, au terme desquels ils récitent une prière pour aider le défunt à se réincarner. Dans la religion hindoue, la famille du défunt doit observer une vie de modération (pas de viande, d'alcool, de bijou ou de maquillage) durant la période de deuil, qui dure 13 jours et dont la fin est marquée par une cérémonie organisée au domicile du défunt à la fin de cette période. Chez les musulmans, le deuil s'étend sur 40 jours, au cours desquels l'entourage doit se comporter et s'habiller sobrement. À la fin de cette période, des prières sont récitées pour aider l'âme du défunt à monter aux cieux. Dans la tradition juive, il existe cinq phases de deuil : *Aninoet*, qui court du décès à l'enterrement ; *Aweloet*, qui s'étend des funérailles aux 7 jours suivants ; *Niwoel*, entre le 8e et le 13e jour suivant l'enterrement ; *Shana*, l'année qui suit le décès et *Jahrzeit* le jour du premier anniversaire de la mort du défunt.

DES DÉMARCHES ADMINISTRATIVES CONSÉQUENTES

Alors que le chagrin vous accable à la suite de la perte d'un être cher, un certain nombre de formalités administratives et financières viennent encore alourdir votre quotidien et vous empêchent de commencer votre travail de deuil. Si pour certains, ces démarches permettent d'occuper leur esprit et de ne pas penser à la douleur ressentie, pour d'autres, ces obligations peuvent devenir un fardeau qu'elles ne parviennent pas à assumer. N'hésitez donc pas à demander de l'aide à votre entourage si vous ne vous sentez pas la force de vous occuper de ces démarches.

De notre vivant, nous souscrivons à toutes sortes d'assurances ; nous possédons des comptes à la banque ; nous sommes inscrits à la mutuelle, à la commune ; nous payons chaque mois des prestataires de services, etc. À notre mort, la famille doit donc prévenir chacune de ces personnes et organismes afin d'interrompre les procédures et de clôturer les comptes. Si certaines démarches peuvent être entreprises plusieurs semaines après le décès, d'autres doivent être faites immédiatement.

Pour vous aider, voici par ordre de priorité les formalités administratives à réaliser :

- **faire constater le décès**. Si ce dernier ne survient pas dans un hôpital ou dans une structure officielle (maison de repos, prison, institution psychiatrique), vous devrez faire appel à médecin pour constater légalement le décès de votre proche et ce, en vue de le déclarer à la mairie ;
- **contacter le service de pompes funèbres**. L'entreprise se chargera de l'organisation des obsèques du défunt, et s'occupera également d'aller déclarer le décès à la mairie, ce qui doit être fait dans les 24 heures ;
- **prévenir les banques**. Si le défunt disposait de comptes ou d'un coffre à la banque, vous devez les contacter dans les plus brefs délais afin de les bloquer temporairement. Cette fermeture entraînera la suspension des domiciliations et des ordres permanents en cours ;

- **avertir l'employeur ou les organismes de paiement d'allocations**. Vous pourrez ainsi solliciter les sommes dues (dernier salaire, pension, pécule de vacances, allocation de chômage, etc.) et éviterez de devoir rembourser des montants indûment perçus ;
- **résilier tous les contrats importants.** Dans un premier temps, concentrez-vous sur les contrats d'assurance (habitation, voiture, maladie, incendie, etc.) ainsi que sur les engagements pris avec des prestataires de service (compagnie des eaux, fournisseurs d'énergie, service Internet et de téléphonie, etc.). Informez-les du décès. En fonction des modalités du contrat, celui-ci pourra être interrompu ou modifié ;
- **informer le propriétaire ou les locataires du défunt.** Si votre proche était bailleur, il faudra informer ses locataires de son décès et leur communiquer le nom de la personne qui percevra dorénavant les loyers. Dans le cas où il était locataire et qu'il ne vivait pas seul, il conviendra de contacter le propriétaire pour déterminer les suites à donner au bail ;
- **procéder à la déclaration de succession**. Outre cette communication, vous devrez également établir une déclaration de revenu du défunt pour la période allant du 1er janvier à la date de son décès. Une fois toutes ces démarches remplies, n'oubliez pas de contacter un notaire pour assurer la succession et de remettre la déclaration de succession à l'administration fiscale.

UN CHEMIN DE GUÉRISON EN CINQ ÉTAPES

Si chaque deuil est unique et que chacun réagit à sa manière face à la souffrance causée par l'absence de l'autre, il semble que le cheminement général soit relativement commun à tous. Ainsi, dans les années soixante-dix, la psychiatre et psychologue Elisabeth Kügler-Ross a théorisé les étapes par lesquelles passe une personne endeuillée. Connue pour ses travaux dans le domaine des soins palliatifs, elle a distingué et détaillé cinq stades distinctifs que nous traversons tous lors d'un deuil, et qui nous permettent d'exprimer nos émotions et d'accepter le déchirement que représente la mort. Mais, puisque chaque décès, et son impact sur l'entourage sont singuliers et incomparables à un autre, ces stades ne sont pas immuables. Un individu ne passera donc pas forcément par toutes ces étapes, ni ne les suivra dans cet ordre.

Enfin, qu'il s'agisse d'un deuil d'anticipation – nous savons que la mort d'un proche est imminente et nous pouvons nous y préparer – ou non, le travail du deuil est toujours nécessaire, comme en atteste le témoignage d'Hélène :

> « Je savais que mon père n'avait quasiment aucune chance de s'en tirer. Il avait un cancer du poumon, et les médecins ne lui laissaient pas beaucoup d'espoir. J'ai donc essayé de m'y préparer du mieux possible, mais le jour de son décès fut un immense choc. La douleur était extrêmement vive. Mes visites à l'hôpital, qui me faisaient du bien car elles me donnaient encore un infime espoir, s'arrêtaient net. Découvrir sa chambre vide, puis le voir dans son cercueil fut une expérience terriblement pénible et traumatisante. Finalement, toute ma préparation avant son décès n'avait servi à rien. C'est après sa mort que j'ai dû débuter mon travail de deuil avec l'aide de mes proches. » (Hélène, 38 ans)

Le choc et le déni

L'annonce du décès d'une personne de qui l'on est proche induit généralement une première phase de choc. Nous sommes anesthésiés, abasourdis devant cette nouvelle réalité que nous avons beaucoup de mal à accepter. Certes, la mort est inéluctable, mais nous ne pouvons pas nous empêcher de nous insurger contre cette injustice et de nous interroger : pourquoi lui, pourquoi elle, pourquoi maintenant ? S'ensuit alors une phase de déni, qui constitue pour la personne endeuillée une forme d'autodéfense contre une réalité qu'elle refuse, et durant laquelle il n'est pas rare de l'entendre répéter inlassablement : « Je ne peux pas y croire, c'est impossible », « Je vais me réveiller », « Cela n'a pas pu se produire ».

Après cette phase de déni, dont la durée reste très variable d'un individu à l'autre et selon les circonstances qui entourent le décès, une constatation s'impose d'elle-même : la personne décédée ne reviendra pas. Une fois cette dure réalité acceptée, un flot d'émotions intense et parfois destructeur nous envahit tel un tsunami.

La colère

Parfois totalement irrationnelle, la colère, souvent accompagnée d'un sentiment de révolte, est une phase indispensable au processus de guérison. Pour la personne endeuillée, il s'agit d'extérioriser la charge émotionnelle ressentie, mais aussi de trouver un coupable, parfois tout désigné. Mue par un sentiment d'injustice, intensifié par la nature imprévisible et subite de la mort, la colère peut être dirigée contre soi-même, le défunt, une tierce personne ou encore une entité surnaturelle :

- contre soi-même : « J'aurais dû le forcer à se faire soigner pour qu'il arrête de boire » ;
- contre le défunt : « S'il avait pris soin de lui, il serait encore vivant » ;
- contre une autre personne : « Le médecin a diagnostiqué son cancer beaucoup trop tard » ;
- contre une entité imaginaire ou surnaturelle : « Pourquoi Dieu laisse-t-il des horreurs pareilles se produire ? », « Pourquoi le Destin s'acharne-t-il ? ».

La colère est d'autant plus forte que la personne disparue était aimée. Toutefois, selon Elisabeth Kübler-Ross, plus elle est intense, plus vite elle se dissipe ; il convient donc de la laisser s'exprimer librement sans tenter de la réprimer.

Le marchandage

Le marchandage est une étape de transition qui permet de composer avec la douleur. Frustrés, nous n'avons pas encore accepté la réalité et nous essayons de négocier avec cette perte en tentant, par exemple, d'imaginer les différents scénarios qui auraient pu éviter l'issue fatale. C'est le moment des « et si seulement… » et des interrogations sur notre propre culpabilité (« Si j'avais fait ceci ou cela, peut-être serait-il toujours là ! »). Nous essayons aussi d'imaginer ce que nous pourrions entreprendre pour que le défunt revienne à la vie.

> « Deux mois après avoir quitté mon petit ami, il est mort dans un accident de voiture. C'est étrange, mais je me suis longtemps sentie coupable et son décès occupait mes pensées de manière obsessionnelle. C'est comme s'il était mort à cause de notre séparation, car il en avait été très affecté. Je me disais que si je ne l'avais pas quitté, il serait peut-être encore en vie. » (Clothilde, 33 ans)

Dans le cas où nous faisons face à notre propre mort imminente, le marchandage se manifeste par des phrases de désespoir et de négociation (« Laissez-moi vivre un dernier Noël avec mes enfants », « Si je pouvais avoir juste quelques années de plus », « Je promets de changer si je survis », « Prenez-moi à la place de mon enfant », etc.), et, dans certains cas, par un retour vers la spiritualité (« Mon Dieu, je ferai ce que vous voulez, mais laissez-moi vivre », « J'irai tous les jours à l'église s'il le faut, mais sauvez mon mari », etc.).

Cette phase prend fin quand notre esprit rationnel nous ramène, une fois de plus, à la réalité : le défunt ne reviendra pas.

La dépression

Une fois la réalité du décès acceptée, la tristesse, plus vive que jamais, et l'impression que la douleur ne s'estompera jamais s'emparent de nous. En outre, les conséquences de cette perte commencent à se faire sentir (difficultés financières et administratives, conflits familiaux, etc.). La dépression s'installe, et avec elle, une pléiade de symptômes : perte d'intérêt pour les activités du quotidien, fatigue intense et permanente, perte d'appétit, difficulté de concentration, sautes d'humeur, etc. C'est la phase du repli sur soi et de l'isolement, car plus rien ne semble avoir de sens. Sa durée varie fortement d'une personne à l'autre, mais peut s'étendre sur plusieurs mois, voire plusieurs années, comme ce fut le cas pour Éric. Il est donc primordial de bénéficier du soutien sans faille de son entourage.

> « À la mort de mon frère, ma vie a été totalement bouleversée. Nous étions très liés, nous étions d'ailleurs associés dans une petite entreprise. Après son décès, je n'avais plus goût à rien, je ne sortais quasiment plus et j'ai revendu la société. À mes proches qui me questionnaient, je prétextais que tout allait bien, que j'avais simplement besoin de changer de vie. Il a fallu que je perde beaucoup de poids pour qu'ils commencent réellement à s'inquiéter. Ensuite, j'ai compris qu'il fallait que je m'en sorte. J'en ai parlé à mon médecin traitant qui m'a orienté vers un psychiatre. J'estime avoir mis au moins un an pour sortir de cette dépression. Ce fut un travail long et fastidieux, mais, aujourd'hui, je me sens nettement mieux. » (Éric, 51 ans)

Cette étape, très importante dans le processus de deuil, est tout à fait normale. Toutefois, si la dépression persiste et perturbe sérieusement l'équilibre de vie au quotidien ou engendre des conséquences importantes (perte d'emploi, dégradation de la santé physique et mentale, isolement social complet, etc.), il peut être nécessaire de consulter un spécialiste.

LA DÉPRESSION RÉACTIONNELLE

Il s'agit d'un trouble psychique relativement fréquent chez les personnes fragiles ou vulnérables à la suite d'un événement traumatisant ou en réponse à une tension nerveuse trop importante. Elle est plus soudaine que les autres types de dépression et survient en réaction à un événement que la personne ne parvient pas à surmonter. Le traitement préconisé est médicamenteux et consiste en l'administration d'antidépresseurs. Leur efficacité, bien que prouvée médicalement, peut prendre plusieurs semaines à se manifester.

L'acceptation

La phase d'acceptation est en principe la dernière étape du travail de deuil. Nous acceptons et nous comprenons enfin que le défunt est définitivement parti. Ceci ne signifie pas pourtant que nous l'avons oublié ou que nous n'éprouvons plus aucune tristesse, mais nous sommes à présent capables d'évoquer l'être cher décédé sans nous effondrer, et la douleur, bien que toujours réelle, devient supportable. L'acceptation marque également le début de la phase de reconstruction. Nous sommes désormais prêts à réapprendre à vivre avec cette absence permanente et nous sommes à nouveau capables de savourer les petits bonheurs de la vie.

LA CONFESSION DU PRINCE WILLIAM

Le prince William d'Angleterre a plusieurs fois évoqué son deuil à la suite de la perte de sa mère, la princesse Diana, décédée le 31 août 1997 dans un accident de voiture. Dans les premiers jours qui ont suivi ce drame, il parle d'un « immense choc » et d'un « profond sentiment d'incrédulité », « l'impression que cela ne peut pas vous arriver », avant d'ajouter que la douleur n'arrive que bien plus tard, accompagnée du regret de ne plus être en mesure de communiquer et d'aimer le proche disparu. « Ne plus pouvoir prononcer le mot « maman » peut sembler anodin. Mais pour certaines personnes, dont moi-même, « maman » est vraiment devenu un simple mot, un vide évoquant des souvenirs... » (FOURNY (Marc), « Prince William : après la mort de Diana, "maman est devenu un simple mot" », in *Lepoint.fr*)

COMMENT SURMONTER UN DEUIL ET RECOMMENCER À VIVRE ?

AVEZ-VOUS DÉPASSÉ VOTRE DEUIL ?

Parfois, quelques semaines ou quelques mois après avoir perdu un être cher, nous avons la sensation que nous allons mieux et que nous sommes parvenus à tourner la page, à faire notre deuil. Pourtant, ce mieux-être peut être illusoire, il se peut que vous soyez encore englué dans une phase de déni ou de marchandage. Certains comportements quotidiens ou facteurs particuliers peuvent vous alerter et vous faire prendre conscience que vous n'êtes peut-être pas tout à fait sorti de ce long processus.

TEST : AVEZ-VOUS SURMONTÉ VOTRE DEUIL ?

- Vous n'avez plus envie de voir ni vos amis ni vos proches, et la moindre sortie vous demande un effort surhumain.
- Vous pensez que votre vie n'a plus de sens et ne faites plus aucun projet d'avenir.
- Vous fondez en larmes sans raison apparente ou à la moindre contrariété.
- Toutes vos pensées sont orientées vers la mort de l'être cher, vous ne pensez qu'à ça.
- Les souvenirs avec la personne disparue vous hantent et vous attristent.
- Vous souffrez d'insomnie et faites des cauchemars récurrents.
- Vous vous sentez fatigué psychologiquement et physiquement en permanence.
- Vous avez du mal à vous concentrer dans votre travail ou dans vos tâches quotidiennes.
- Vous avez anormalement maigri.
- Vous avez perdu toute libido.

Si vous validez au moins trois de ces dix affirmations, vous n'avez pas encore fini votre travail de deuil. Parlez-en à votre entourage, évaluez la phase dans laquelle vous vous trouvez et adoptez quelques habitudes au quotidien qui pourront vous aider à surmonter votre douleur.

DIX CONSEILS POUR TRAVERSER VOTRE DEUIL

Donnez-vous le temps nécessaire. Il n'y a pas de durée prédéfinie pour le deuil. Chacun le vit de manière singulière, selon sa propre personnalité et le lien entretenu avec l'être disparu. Ne culpabilisez pas si vous surmontez votre deuil rapidement, cela ne veut en aucun cas dire que vous n'aimiez pas le défunt ou que vous êtes insensible. *A contrario*, ne vous flagellez pas si après plusieurs mois vous ne semblez pas sorti de ce processus. Il est impératif de vous laisser le temps nécessaire pour accepter cette disparition et exprimer les émotions qui s'emparent de vous. Ce n'est que lorsque vous vous sentirez prêt et serein que vous serez en mesure de créer un nouveau lien avec le disparu et de réinvestir votre vie.

Acceptez la douleur et faites face à votre perte. Tenter d'ignorer son chagrin en se plongeant dans le travail, le déni, l'alcool ou les opiacés n'est pas la solution. Cela ne fera qu'engourdir momentanément votre esprit et repousser la douleur, qui reviendra au galop avec d'autant plus d'intensité. Acceptez le fait que vous ayez perdu un être aimé, que cela vous blesse profondément et que vous vous sentiez perdu, vide, dévasté. Ces émotions sont naturelles et saines, vous avez le droit de les ressentir, même si la société actuelle a tendance à diaboliser toute démonstration affective. Faites face à la réalité, dites-vous : « J'ai perdu quelqu'un que j'aimais profondément et j'ai mal, j'en souffre fortement. » En exprimant à haute voix cette évidence et les émotions qu'elle provoque en vous, vous vous autorisez à vivre votre deuil sans culpabilité.

Exprimez vos sentiments. Laissez sortir votre souffrance, ne vous retenez pas. Criez, pleurez, jetez des objets à terre, tapez dans un coussin, etc., mais surtout, n'intériorisez pas votre douleur. Que vous les partagiez avec vos proches ou que vous les couchiez sur papier en écrivant ou en dessinant, exprimer ses émotions permet de s'en libérer plus rapidement et ne de pas accumuler de tension négative dans le corps qui pourrait entraîner des complications futures.

Passez du temps avec vos proches. L'entourage est probablement l'aide la plus indispensable dans le travail du deuil, car, dans la majorité des cas, vos proches ont connu ou côtoyé l'être disparu. Il est dès lors plus facile d'exprimer votre peine et le manque ressenti, mais aussi de vous remémorer les bons moments partagés ou les anecdotes qui ont ponctué la vie de l'être aimé. Ces échanges de souvenirs vous permettront d'évoquer sa mémoire avec tendresse et sérénité, car si vous êtes si triste, c'est bien parce que le défunt a marqué positivement votre vie. Pourquoi ne pas vous concentrez sur cela et vous rappelez tous ces instants de partage, de rires complices, de boutades, d'embrassades et d'expériences communes ? Pleurez sa mort, mais célébrez également sa vie.

N'essayez pas d'oublier l'être aimé. Vous débarrasser de tout ce qui vous rappelle la personne décédée, vêtements, photos, objets personnels, etc., ne vous aidera pas à surmonter votre deuil. Acceptez qu'elle ait fait partie de votre vie, qu'elle ait eu un impact sur votre quotidien et qu'elle soit importante pour vous. En niant son existence et sa mort pour vous épargner une souffrance insupportable, vous ne respectez pas sa mémoire. Il est toutefois important de ne pas aller trop loin dans l'autre sens. Faire de la chambre du défunt un véritable mausolée auquel il ne faut pas toucher ne vous aidera pas plus que si vous effaciez toute trace de son passage sur terre. Le juste milieu est de mise. Conservez dans une boîte-souvenir des photos, un objet personnel auquel vous êtes attaché, une lettre, un parfum, et rangez-la dans une armoire.

Prenez soin de vous. Lors de la phase dépressive du travail de deuil, il n'est pas rare que l'on néglige notre hygiène de vie et que l'on se laisse complètement aller. Pourtant, prendre soin de soi est essentiel pour surmonter sa douleur. Mangez sainement tout en vous faisant plaisir, sortez vous balader en forêt ou dans un parc pour vous souvenir des petits plaisirs de la vie, pratiquez une activité sportive pour décharger vos émotions, et en particulier la colère, respectez un horaire de sommeil approprié, regardez un film humoristique ou bucolique selon votre envie, etc.

Ritualisez votre souffrance. Pour le psychiatre Christophe Fauré, les rites de passage chez les hommes, qu'ils soient religieux ou non, sont nés de « la nécessité de concilier douleur psychologique et quête existentielle lorsqu'un des membres de leur communauté venait à disparaître » (FAURÉ (Christophe), *Vivre le deuil au jour le jour*, Paris, Albin Michel, 2012). Outre la cérémonie funéraire, qui intervient juste après le décès, les visites au cimetière, les commémorations, les prières, etc., sont des rituels qui peuvent vous aider à mieux gérer votre deuil au quotidien. Si vous en ressentez le besoin, rendez-vous régulièrement au cimetière pour vous recueillir ou même discuter avec l'être aimé ; si vous êtes croyant, allez voir un prêtre, un imam ou un rabbin pour partager votre peine et réciter quelques prières.

Participez à un groupe de parole. Si votre peine est trop grande et que vous ne savez pas vers qui vous tourner, il existe diverses associations ou groupes d'entraide qui permettent de partager votre ressenti avec d'autres personnes qui sont dans la même situation. Ces groupes fonctionnent selon le principe de l'écho-résonance : chaque participant parle de son vécu, qui fera irrémédiablement réso-nance chez une autre personne, créant ainsi une sorte de complicité et de compréhension entre les membres du groupe. En fonction du type de deuil que vous vivez, certaines associations sont plus ciblées : deuil d'un enfant, après un suicide, une longue maladie, victime de meurtre, etc. Outre un appui psychologique, ces associations d'écoute peuvent également vous fournir des conseils juridiques et adminis-tratifs pour vous aider à gérer les aspects pratiques relatifs au décès.

Consultez un spécialiste. Dans les cas où les groupes de parole ou les services d'entraide et d'écoute ne vous attirent pas ou n'ont présenté aucun résultat et que vous vous sentez perdre pied, n'hésitez pas à demander l'aide d'un professionnel de la santé. Consultez votre médecin généraliste qui pourra vous guider vers un traitement médicamenteux, en cas de dépression sévère, ou vers une psychothérapie.

Rendez hommage au défunt. Lorsque la souffrance diminue, ou du moins lorsqu'elle devient supportable, et que le deuil touche à sa fin, il peut être opportun et agréable de rendre hommage à la personne disparue à des dates-clés, par exemple, comme son anniversaire, votre mariage, votre rencontre ou même un événement marquant. Ce peut être l'occasion de se réunir en famille ou entre amis et de se remémorer quelques beaux souvenirs vécus avec le défunt. Loin d'être morbide, cette réunion peut être source de joie et de partage.

LES LARMES, SOURCES DE MIEUX-ÊTRE

Dans nos sociétés contemporaines, les larmes peuvent être perçues comme un aveu de faiblesse. Par gêne ou par honte, nous avons tendance à les réprimer. Or, elles ont le pouvoir de nous libérer de notre douleur. Laissez-les donc couler. Tôt ou tard, elles se feront plus rares et un soulagement profond vous envahira. Selon le Dr Alexander Lowen, le fait de pleurer permet d'éviter la spirale infernale des angoisses et de la dépression. Quant à la psychologue Judith Orloff, pleurer pousserait le corps à libérer des endorphines, l'hormone de bien-être, celle-là même que nous libérons lorsque nous faisons du sport. (LORENZO (Sandra), « Pourquoi je pleure ? Une question difficile sur laquelle la science n'a pas encore complètement tranché », in *Huffingtonpost.fr*, novembre 2015)

COMMENT AIDER
UN PROCHE EN DEUIL ?

LES BONNES ATTITUDES À ADOPTER

Il n'est pas toujours simple de trouver les mots justes pour aider une personne en deuil. Face à sa souffrance, nous nous sentons bien souvent désemparés. La situation de deuil est tellement intime et émotionnelle qu'il nous est difficile de comprendre exactement ce que l'autre ressent, et ce même si nous faisons preuve d'empathie. Or, il suffit bien souvent de se montrer présent et à l'écoute sans porter de jugement.

Offrez votre présence

Cela semble aller de soi, même si, paradoxalement, nous pensons souvent que les personnes en souffrance ont envie de se retrouver seules. Très entourés dans les premiers jours et pris dans le tourbillon administratif qui entoure le décès et l'organisation des funérailles, vos proches endeuillés ont surtout besoin d'être entourés et soutenus lorsque le calme revient après la tempête et qu'ils se retrouvent face au vide laissé par le défunt, en général les semaines qui suivent l'enterrement. En effet, ils peuvent rapidement se retrouver isolés et en plein désarroi face à leur douleur encore à vif. Il est donc primordial que vous soyez présents sur le long terme. Sans être envahissants, proposez-leur une sortie, rendez-leur visite ou passez-leur tout simplement un coup de fil. L'important est qu'ils sentent qu'ils peuvent compter sur vous en cas de besoin.

Soyez à l'écoute

| « Parler de ses peines, c'est déjà se consoler. » (Albert Camus, 1913-1960)

La présence doit s'accompagner d'une qualité d'écoute authentique exempte de tout jugement de valeur. Laissez votre proche mettre des mots sur sa souffrance plutôt que de l'abreuver de conseils aussi inutiles qu'indélicats tels que : « Essaie d'oublier », « Pense à autre chose », etc. Sachez également écouter les silences, qui sont aussi importants que les temps de parole, et encouragez d'autres membres de son entourage à faire de même. Il est essentiel que la personne endeuillée se sente soutenue par l'ensemble de ses proches et non par une seule personne qui n'aura peut-être pas la force psychologique de tenir la confrontation sur le moyen et long terme.

Évoquez sans gêne le défunt

Nous pensons à tort qu'il est préférable de ne pas parler du défunt en présence de la personne en deuil, que l'évoquer lui causera davantage de chagrin et nous nous acharnons à éviter toute conversation dans ce sens. Si cette attitude est normale et compréhensible, elle n'est en rien bénéfique. Gardez à l'esprit que toutes les pensées de votre proche sont orientées vers la cause de son chagrin ; il est donc tout à fait probable qu'il ressente le besoin de parler du défunt, en particulier si vous l'avez bien connu. D'ailleurs, cette démarche s'avère bien souvent libératrice, car elle lui permet de ne pas enfouir ou de ne pas nier la réalité, mais bien de la confronter et d'ainsi apprivoiser petit à petit l'absence de l'être aimé. Évitez donc les non-dits et abordez le sujet sans aucune gêne. De toute manière, s'il ne désire absolument pas en parler, il vous le fera savoir.

Sachez identifier les différentes émotions suscitées par le deuil

Ayez conscience des différentes étapes par lesquelles passe une personne en deuil, car être présent, écouter et respecter sa souffrance impliquent nécessairement de tenter de comprendre les émotions qui la traversent. Ainsi, ne vous étonnez pas de la voir s'énerver soudainement et accuser la terre entière du décès de son proche. Durant la phase de dépression, il n'est pas rare que la personne endeuillée s'isole et fuie certaines personnes. Par exemple, il est possible qu'un parent ayant perdu un enfant fuie les couples avec enfants, tant il redoute la vue insupportable de cette image de bonheur faisant désormais partie du passé. Colère, tristesse, gêne sont autant de sentiments qui peuvent se manifester, et votre rôle est alors de vous concentrer sur ces différentes émotions, de les accueillir sans critique et de les questionner éventuellement avec la personne en détresse.

> « J'attendais mon premier enfant et, avec mon mari, nous étions très excités. Malheureusement, j'ai fait une fausse couche. J'étais dévastée et j'avais beaucoup de mal à accepter les remarques de mon entourage, qui me disait que je ne devais pas me mettre dans un état pareil, car, à ce stade, il ne s'agissait encore que d'un fœtus, que j'en aurais un autre, etc. Bien sûr, j'étais consciente que cela devait certainement être plus dur pour des parents perdant un enfant d'une dizaine d'années, mais j'éprouvais pourtant une immense douleur. Une de mes amies a accouché quelques semaines après ma fausse couche et j'ai été incapable d'aller la féliciter à la maternité. Très compréhensive, elle ne m'en a jamais voulu. Par la suite, j'ai donné naissance à mon premier enfant et j'ai pu surmonter ma peine, même si je pense encore parfois à ce petit être qui ne demandait qu'à naître. » (Valentine, 32 ans)

Ne comparez pas vos expériences de deuil

Même si les similitudes dans la façon d'appréhender la perte d'un proche ne sont pas à ignorer, il n'est cependant pas opportun de comparer les expériences de deuil, car chacun vit cette période douloureuse différemment. Ne blâmez pas un proche parce qu'il semble plus affecté par la perte de son grand-père que vous ne l'avez été lorsque vous avez perdu votre mère. Au-delà des liens du sang qui unissent les individus, ce sont les liens du cœur, la nature de la relation, et même le degré de sensibilité de chacun qui entre en compte lorsque vient le moment de faire face à la perte d'un être cher. Ainsi, si vous ne devez pas hésiter à partager votre propre expérience du deuil pour montrer à votre proche qu'il n'est pas seul dans son combat, abstenez-vous de faire la comparaison et ne lancez pas d'affirmations qui pourraient compliquer son travail de deuil, même si celles-ci vous semblent anodines.

Évitez les platitudes et les clichés

Il est tout à fait humain et normal de se retrouver désemparé face à la douleur d'un proche et d'être tenté de se reposer sur des phrases toutes faites et des platitudes. Réfrénez-vous ! Si lors des funérailles, il est d'usage de prononcer la phrase de circonstance « Toutes mes condoléances », il vaut mieux éviter certains clichés tels que « 85 ans, c'est un bel âge pour mourir, elle a bien vécu ! », ou encore « Ne sois pas triste, il te regarde de là-haut et veille sur toi ». Si certaines personnes peuvent y trouver réconfort, d'autres nourriront envers vous un certain ressentiment pour ce manque de tact et d'empathie. La douleur n'est pas moins intense parce que notre mère avait 85 ans lorsqu'elle est décédée… Alors, plutôt que de vous perdre dans des platitudes qui feront plus de mal que de bien, repensez à ce célèbre proverbe soufi : « Si la parole que tu vas dire n'est pas plus belle que le silence, ne la dis pas. » Réfléchissez avant de parler, et contentez-vous d'être présent et à l'écoute si vous ne trouvez pas les mots pour réconforter votre proche.

ACCOMPAGNER UN ENFANT DANS SON TRAVAIL DE DEUIL

Un deuil est douloureux à tout âge, pourtant notre manière d'aborder cette épreuve varie en fonction de notre maturité psychologique et affective. Les enfants, qui ne sont pas épargnés par la perte d'un proche, réagissent différemment des adultes, tout simplement car ils ne comprennent pas toujours concrètement le concept de la mort. Lorsqu'il est en bas âge, l'enfant ne réalise pas qu'il vient de perdre un être cher ; toutefois, il se comporte en véritable éponge et absorbe toutes les émotions que son entourage ressent, un phénomène qui peut entraîner des angoisses. Lorsqu'il devient un peu plus âgé, soit vers quatre ans environ, il commence à prendre conscience du concept de la mort, mais son irréversibilité ne s'impose pas encore. Par conséquent, il ne va pas exprimer sa tristesse, puisqu'il a l'impression que cette situation n'est que temporaire et que le défunt reviendra bientôt. Après l'âge de six ans, l'enfant devient pleinement conscient de la mort, et de ce qu'elle entraîne comme souffrance et désespoir et peut dans certains cas éprouver un sentiment de culpabilité de n'avoir rien pu faire pour empêcher ce décès douloureux. Quand un adolescent est confronté à la perte d'un proche, il peut ressentir des émotions particulièrement violentes, cette période se traduisant déjà par un dérèglement hormonal important qui influe sur son humeur et sa vision du monde.

Pour accompagner votre enfant dans ce travail de deuil, il est important de ne pas lui cacher la vérité en pensant le protéger, car il doit lui aussi pouvoir faire son deuil.

Pour l'y aider, il est important :

- de l'entourer et de le rassurer ;
- de ne pas l'éloigner de son milieu familial ou affectif ;
- de lui laisser poser toutes les questions qu'il désire et de lui répondre simplement en ne travestissant pas la réalité ;
- de le laisser prendre part au rituel des obsèques, pour autant qu'il ne soit pas trop petit pour y participer ;
- de lui laisser l'opportunité d'entretenir la mémoire du défunt à travers des visites au cimetière s'il en fait la demande ou des activités en son hommage.

Si vous ne vous sentez pas apte à expliquer ou à accompagner votre enfant dans cette étape, n'hésitez pas à vous rendre en bibliothèque ou en librairie ; il existe de nombreux livres pour enfants qui expliquent en des termes simples et adaptés à leur âge ce que recouvre la notion de mort.

COMMENT SE RECONSTRUIRE APRÈS AVOIR FAIT SON DEUIL ?

Vous pensez être sorti de cette période de deuil et avoir définitivement accepté la disparition de l'être cher ? Vous vous sentez prêt à nourrir de nouveaux projets de vie ? Il est dès à présent temps de reconstruire votre vie sociale et de vous rouvrir au monde pour ne pas retomber dans une phase de dépression.

- **Prenez soin de vous** : offrez-vous une escapade au grand air, faites de l'exercice, mangez sainement et de manière équilibrée, dormez suffisamment.
- **Réinvestissez-vous dans votre vie sociale** : rencontrez de nouvelles personnes, sortez boire un verre entre amis, prévoyez un city-trip avec vos amis, renouez contact avec un ami perdu de vue.
- **Nourrissez des projets d'avenir** : planifiez un voyage, ouvrez-vous à la possibilité d'une rencontre amoureuse, etc.

Bien entendu, reprendre goût à la vie ne signifie pas oublier la personne disparue, vous repenserez à elle de temps à autre et évoquerez sa mémoire avec tendresse et amour, mais vous prendrez surtout conscience que rien ne doit vous empêcher de vivre, car la vie est un cadeau. De fait, bien souvent, la perception de la vie change chez les personnes qui ont vécu ce genre de traumatisme. Elles relativisent mieux les événements de l'existence en prenant de la distance et profitent pleinement de l'instant présent.

Cette prise de conscience est à considérer comme une bénédiction, car elle peut nous aider à développer une philosophie de vie plus sereine, moins égoïste et davantage tournée vers les êtres qui nous entourent. Le stress de la vie moderne nous empêche bien trop souvent de nous réserver dix minutes d'émerveillement quotidiennes. À partir d'aujourd'hui, prenons le temps de contempler la beauté du monde et profitons des êtres qui, par nature, sont éphémères.

FAQ

LE TRAVAIL DE DEUIL EST-IL NÉCESSAIRE ?

Oui, le travail du deuil est nécessaire, car il vous permet de vous délivrer de la souffrance et de l'état de prostration dans lequel vous pouvez vous trouver après un décès. La perte d'un être cher entraîne une véritable rupture avec le monde environnant ; le travail du deuil, lorsqu'il est accompli dans le respect de son chagrin et sans précipitation peut donc vous aider à vous reconnecter avec la vie.

COMBIEN DE TEMPS DURE UN DEUIL ?

Il est difficile de répondre à cette question, car la durée du deuil varie d'un individu à l'autre, mais aussi d'un nombre de facteurs très divers tels que l'intensité de la relation entretenue avec le défunt, la violence de sa mort, etc. Chacun doit suivre son rythme. Le travail du deuil est incompressible : pas question de l'accélérer ni de sauter des étapes. On pourra estimer que le deuil s'achève lorsque la blessure est cicatrisée, lorsque la souffrance ne devient plus intolérable : cela sera le signe que la réalité a été acceptée. La fin du deuil ne signifie pas pour autant que toute peine liée à la perte d'une personne sera définitivement écartée. Même si de temps en temps le cœur se serrera, elle sera néanmoins progressivement moins vive.

EST-CE NORMAL DE PLEURER TOUT LE TEMPS ?

Pleurer est une manière tout à fait normale d'extérioriser sa souffrance. Libérant des endorphines, elles peuvent contribuer à nous extirper de nos angoisses. Les réprimer n'est donc pas souhaitable. Avec le temps, elles se feront plus rares. Inexorablement. Par ailleurs, pour les personnes qui ne pleurent pas, cela ne signifie nullement qu'elles n'éprouvent aucune tristesse.

EST-CE QUE LA DOULEUR DISPARAÎTRA PLUS VITE SI JE L'IGNORE ?

Il ne sert à rien de fuir la réalité en l'ignorant, car le déni n'a jamais rien résolu. Il est totalement faux de penser qu'en masquant la source de votre souffrance, vous vous sentirez mieux. Reconnaissez votre chagrin et acceptez toutes les émotions qui vous traversent, de la colère au désespoir, même si vous avez l'impression de perdre pied, car si vous refoulez vos sentiments et ignorez votre peine, tôt ou tard, elle vous rattrapera.

JE SOURIS À NOUVEAU ET J'AI DE NOUVEAUX PROJETS. DOIS-JE ME SENTIR COUPABLE ?

Absolument pas ! C'est tout l'objectif du travail de deuil. Que vous souriiez à nouveau signifie que vous avez accepté la réalité, que vous reprenez la maîtrise de votre vie et que vous êtes à nouveau capable d'apprécier les plaisirs du quotidien. Cela ne veut en aucun cas dire que vous avez oublié votre proche ou que vous êtes passé à autre chose ; vous lui avez simplement donné une place qui ne vous empêche plus de vivre.

POUR ALLER PLUS LOIN

SOURCES BIBLIOGRAPHIQUES

- BOLLEAU (Agnès), « Vivre un deuil », in *Doctissimo.fr*, consulté le 4 novembre 2015.
  http://www.doctissimo.fr/html/psychologie/bien_dans_sa_peau/ps_3188_deuil_article2.htm
- FAURÉ (Christophe), *Vivre le deuil au jour le jour*, Paris, Albin Michel, 2012.
- FOURNY (Marc), « Prince William : après la mort de Diana, "maman est devenu un simple mot" », in *Lepoint.fr*, consulté le 8 janvier 2016.
  http://www.lepoint.fr/monde/prince-william-apres-la-mort-de-diana-maman-est-devenu-un-simple-mot-18-10-2015-1974645_24.php
- KÜBLER-ROSS (Elisabeth) et KESSLER (David), *Sur le chagrin et le deuil*, Paris, Éditions Lattès, 2009.
- LEVERT (Isabelle), « L'épreuve du deuil », in *La-psychologie.com*, consulté le 2 novembre 2015.
  http://www.la-psychologie.com/deuil.htm
- LORENZO (Sandra), « Pourquoi je pleure ? Une question difficile sur laquelle la science n'a pas encore complètement tranché », in *Huffingtonpost.fr*, consulté le 8 janvier 2016.
  http://www.huffingtonpost.fr/2015/11/17/pourquoi-je-pleure-question-difficile_n_8580534.html
- MAZELIN-SALVI (Flavia), « Accepter le temps du deuil », in *Psychologies.com*, consulté le 2 novembre 2015.
  http://www.psychologies.com/Moi/Epreuves/Deuil/Articles-et-Dossiers/Accepter-le-temps-du-deuil

- SENK (Pascal), « Deuil : un processus naturel de cicatrisation naturelle psychique », in *Sante.lefigaro.fr*, consulté le 18 novembre 2015.
  http://sante.lefigaro.fr/actualite/2011/11/03/15297-deuil-processus-naturel-cicatrisation-psychique
- YICK (A.) et GUPTA (R.), « Chinese cultural dimensions of death, dying, and bereavement : focus group findings », in *Journal of Cultural Diversity*, 2002, p. 32-42.

SOURCES COMPLÉMENTAIRES

- BACQUÉ (Marie-Frédérique), *Le deuil à vivre*, Paris, Odile Jacob, 1992.
- BEAUTHÉAC (Marie), *Cent réponses aux questions sur le deuil et le chagrin*, Paris, Albin Michel, 2010.
- CHARBONIER (Jean-Jacques), *La mort expliquée aux enfants mais aussi aux adultes*, Paris, Éditions Trépaniez, 2015.
- FAURÉ (Christophe), *Après le suicide d'un proche*, Paris, Albin Michel, 2007.
- SAUTERAUD (Alain), *Vivre après ta mort. Psychologie du deuil*, Paris, Odile Jacob, 2012.

Éditeur responsable : Lemaitre Publishing
Avenue de la Couronne 382 | B-1050 Bruxelles
info@lemaitre-editions.com

ISBN ebook : 978-2-8062-6736-8
ISBN papier : 978-2-8062-6735-1
Dépôt légal : D/2016/12603/70
Photo de couverture : © Aetb – Fotolia.com.